# LA SUPPRESSION

DES

# NOTABLES COMMERÇANTS

Réunion publique du 25 Décembre 1869, à Versailles

## DISCOURS

DE

MM. BARTHÉLEMY SAINT-HILAIRE
LAURENT-HANIN — MAGNIER-LAMBINET
ET ALBERT JOLY

VERSAILLES
IMPRIMERIE DE E. AUBERT
6, Avenue de Sceaux, 6

1870

# LA SUPPRESSION

DES

# NOTABLES COMMERÇANTS

---

EXTRAIT

De *l'Union libérale et démocratique de Seine-et-Oise*

(Numéro du 30 Décembre 1869)

---

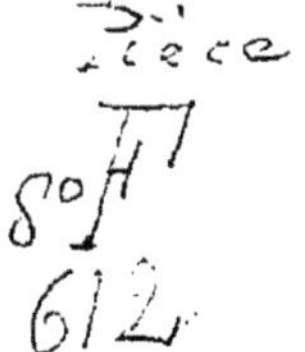

VERSAILLES. — IMPRIMERIE DE E. AUBERT.

# LA SUPPRESSION

DES

# NOTABLES COMMERÇANTS

Réunion publique du 25 Décembre 1869, à Versailles

## DISCOURS

DE

MM. BARTHÉLEMY SAINT-HILAIRE

LAURENT-HANIN — MAGNIER-LAMBINET

ET ALBERT JOLY

VERSAILLES

IMPRIMERIE DE E. AUBERT

6, Avenue de Sceaux, 6

1870

# LA SUPPRESSION

DES

# NOTABLES COMMERÇANTS

---

La réunion publique annoncée pour la suppression du privilége des notables commerçants a eu lieu samedi, à Versailles, dans une salle de l'hôtel des Réservoirs, au milieu d'une affluence considérable; plusieurs centaines de personnes, arrivées un peu trop tard, n'ont pu trouver de place, à notre grand regret. On remarquait naturellement dans l'auditoire le digne président du tribunal de commerce M. Piat, et plusieurs juges et agréés. La séance était présidée par M. Barthélemy Saint-Hilaire, député de la première circonscription de Seine-et-Oise, ayant pour assesseurs M. Ramin, ancien maire, ancien président du tribunal de commerce, et M. Pillet, notable commerçant. M. Barthélemy Saint-Hilaire a ouvert la séance par quelques paroles simples et graves, paroles émues, quand il a dit les vertus qu'il avait rencontrées dans le commerce français; il s'est engagé, en son nom et au nom de ses amis du Corps législatif, à user du droit d'initiative, pour obtenir la suppression du privilége des notables, et établir dans les élections consulaires l'égalité qui est dans les autres élections; or, on sait qu'il ne prend d'engagements que ceux qu'il est prêt à tenir. Il a invité les personnes qui voudraient parler à s'inscrire. Deux commerçants, MM. Laurent aîné et Magnier-Lambinet, sans aucune prétention d'orateur, ont présenté quelques réflexions justes, élevées et piquantes, qui ont été chaleureusement accueillies; puis, M. Albert Joly a tracé l'exposé historique de la question, dans un discours charmant, qui a enlevé l'auditoire. Plusieurs résolutions ont été votées à l'unanimité de l'assemblée. Nous ne saurions dire combien tout le monde était content de cette bonne séance. On a vu enfin une réunion sensée, pratique, d'honnêtes gens qui font leurs affaires sans bruit et sans déclamation. Si l'habitude de semblables réunions entre dans les mœurs, c'est une vie nouvelle qui commence pour notre pays. ERNEST BERSOT.

---

## Discours de M. Barthélemy Saint-Hilaire.

Je tiens avant tout à féliciter ce nombreux auditoire de sa présence en ce lieu et de l'empressement qu'il a mis à répondre à notre appel. Le droit de réunion, qu'une loi récente accorde aux citoyens, n'est pas encore entré dans nos mœurs, et c'est une nouveauté qui trouble bien des gens que d'oser s'en servir. Il faut presque du courage aux citoyens pour venir se concerter en si grand nombre, dans une si vaste salle, sur un sujet qui les intéresse personnellement ou qui mérite tout au moins leur attention. L'esprit d'initiative est rare chez nous; chacun tremble de se mettre en avant pour quoi que ce soit, comme s'il y avait danger à exercer une faculté légale. Il est bon que cette timidité cesse; rien ne la justifie;

mais elle existe, et je loue sincèrement les citoyens qui savent la secouer et qui viennent faire simplement et virilement leurs affaires dans les limites que la loi prescrit et qu'ils entendent toujours respecter. Je remercie les sept personnes qui ont bien voulu signer la demande d'autorisation et siéger ici avec moi à notre bureau ; je remercie également toutes celles qui se pressent dans cette enceinte ; je remercie enfin les orateurs qui prendront la parole et qui exposeront tout à l'heure, chacun à leur point de vue, l'objet spécial de notre réunion.

La question des notables commerçants n'a rien de politique, et nous pouvons la discuter avec une entière sécurité. Ce n'est pas que la politique doive nous faire peur ; mais ce n'est pas ici sa place. Nous la retrouverons ailleurs, et nous saurons l'aborder quand il le faudra. Aujourd'hui, elle doit nous rester étrangère ; elle nous gênerait, loin de nous être utile. Je ne puis cependant m'empêcher de dire que notre réunion est un de ces heureux et innombrables symptômes du réveil de l'esprit public. Le gouvernement du pays par le pays, tel est le principe supérieur qui doit nous guider ; et dans chaque fraction du pays, dans chaque localité, dans chaque occasion, c'est faire acte de civisme et d'intelligence que de féconder ce principe général par toutes les applications particulières qu'il comporte et qui n'en sont que de naturelles conséquences.

Il y a peu de questions plus simples et plus claires que celle des notables commerçants. Leur fonction propre est de nommer les juges des tribunaux de commerce et les membres des chambres de commerce. Quels sont actuellement les notables commerçants? Combien sont-ils? De qui tiennent-ils le droit, ou plutôt le privilége qu'ils exercent? Ce privilége doit-il continuer? Est-il compatible encore avec l'état présent de notre société, de nos institutions, et surtout avec le suffrage universel? Voilà ce qu'il s'agit de savoir, ou plutôt tout le monde le sait; et chacun répond unanimement à ces questions aussitôt qu'on les pose, et même avant qu'elles ne soient posées.

Ainsi, dans l'arrondissement de Versailles tout entier, le nombre total des notables commerçants ne va pas au-delà de cent. Aux termes de la loi de 1807, ou plutôt de l'article 619 du Code de commerce, c'est le préfet qui les nomme; et cette étrange attribution a subsisté jusqu'à nos jours, avec des intermittences dont tout à l'heure on vous retracera le tableau curieux et instructif. Pour le moment, je n'entre pas dans ces détails, et je me borne, afin que la question vous apparaisse dans tout son jour, à vous donner lecture de la pétition qui doit être adressée au Sénat, pour demander que l'élection des tribunaux et des chambres de commerce soit mise dorénavant en harmonie avec le principe du suffrage universel, qui régit la démocratie française et qui doit régler toutes nos lois de détail en les dominant et en les inspirant.

Voici le texte de cette pétition déjà couverte de plus de mille signatures.

Messieurs les Sénateurs,

Les soussignés ont l'honneur de vous représenter que la liste des notables commerçants du 3e arrondissement de Seine-et-Oise, dressée selon les prescriptions des lois du 3 mars 1840 et du 2 mars 1852, pour l'élection de quatre membres du tribunal de commerce en 1869, ne leur paraît pas répondre à l'importance commerciale et industrielle de cet arrondissement. Cette liste, pour un ensemble de localités, dont plusieurs ont une très grande importance (ces localités sont : Versailles, Saint-Germain, Sèvres, Argenteuil, Poissy, Meulan, Rueil, Meudon, Saint-Cloud, Bougival, Gif, Marly-le-Roi, Orsay), ne contient en tout que cent noms.

Outre que ce nombre paraît bien restreint, si on le rapproche du nombre toujours croissant des justiciables, tout le monde s'étonne que dans un pays régi par le suffrage universel, le choix de ces électeurs privilégiés soit réservé à la seule administration. Aussi les soussignés espèrent-ils, Messieurs les Sénateurs, que vous accueillerez favorablement une demande qui a pour objet de mettre la formation de la liste des électeurs du tribunal de commerce en harmonie avec le principe du suffrage universel qui régit notre pays.

Ils ont l'honneur d'être, Messieurs les Sénateurs, avec le plus profond respect,

Vos très humbles et très obéissants serviteurs.

Ainsi, vous le voyez, messieurs et chers concitoyens, ce que nous voulons, c'est qu'on raye de nos Codes ce bizarre et inutile privilége, qui a reparu, Dieu sait pourquoi, dans les mauvais jours de 1852, qui n'avait aucune raison d'être même auparavant, et qui désormais ne serait qu'une anomalie choquante et absolument injustifiable. Un instant détruite en 1848, elle a ressuscité pendant dix-huit ans. Il n'y a plus le moindre motif pour qu'elle vive davantage; et comme la question est résolue dans tous les esprits, les citoyens n'ont plus qu'à demander et à obtenir l'abolition légale d'une institution surannée, qui a fait plus que son temps.

La question des notables commerçants est donc une de ces questions parfaitement mûres, en même temps qu'elles sont parfaitement simples, et il est difficile de trouver un sujet mieux défini et plus convenable pour exercer le droit de réunion. Ce n'est point une de ces questions vagues et générales où les imaginations et les esprits ardents s'égarent si aisément; il n'y a point ici de théories où l'on puisse se perdre. Il n'y a qu'une question d'affaires. Le commerce doit-il, oui ou non, continuer à nommer ses juges et ses représentants spéciaux comme il le fait aujourd'hui? Ou bien ne doit-il pas les élire par le suffrage universel comme la nation élit maintenant ses députés au Corps législatif, comme elle élit ses conseillers de département et d'arrondissement et ses conseillers municipaux dans chaque commune?

Quand la question sera jugée comme

elle doit l'être, nous ne serons plus exposés à voir ce que j'ai vu : un de mes amis, que beaucoup d'entre vous connaissent comme moi, qui a été tantôt porté sur la liste des notables commerçants de Paris, et qui tantôt en a été retranché, selon le caprice de l'administration supérieure ou selon le vent politique qui soufflait. Après la réforme, il n'y aura plus lieu à ces fantaisies, qui peuvent blesser ou les individus ou le commerce entier. Quand la loi aura fait de tous les commerçants des notables à certaines conditions, MM. les préfets seront délivrés d'une obligation qui doit bien souvent les gêner ; et les citoyens ne seront plus exposés à ces alternatives qui semblent disposer dans un sens ou dans l'autre de leur notoriété et presque de leur considération, dans la profession qu'ils exercent. L'ami que je vous citais tout à l'heure est depuis trente ans et plus à la tête de la sienne ; tous ses confrères le savent et le reconnaissent hantement ; il n'y a que M. le préfet qui tantôt le sait et qui tantôt ne le sait pas, mettant un jour ce nom sur sa liste, et un autre jour l'en retranchant arbitrairement.

Je crois, sans faire ici de flatterie à personne, que la ville de Versailles est mieux placée qu'aucune autre pour prendre l'initiative de la réforme et donner ainsi l'exemple au reste du département, et, même s'il se peut, aux autres départements de la France, où la question se pose absolument dans les mêmes termes et où elle peut être résolue de la même façon. Versailles, tout important qu'il est, n'a pas de grandes usines qui occupent des milliers de bras, des fabriques immenses où s'entassent des masses de produits, et où, par suite, le commerce a de ces maisons puissantes qui sont en relations avec le monde entier. A Versailles, c'est le petit commerce qui domine, actif, laborieux, intelligent, qui fait tous les jours ses preuves de capacité honnête, et qui, trouvé capable par la loi d'élire des députés, se dit avec raison que la loi peut bien aussi le trouver capable d'élire des juges consulaires. Dans une ville telle que la nôtre, chacun se connaît, et le commerce peut joindre à toutes les qualités qu'il possède et qu'il déploie sans cesse le juste orgueil de se dire qu'il peut choisir directement les arbitres équitables et autorisés de ses contestations, avec autant de discernement qu'un préfet peut le faire, quelles que soient d'ailleurs les lumières du premier fonctionnaire de l'administration départementale.

Il est donc très heureux que ce soit le chef-lieu de notre beau département qui ait conçu cette pensée et qui veuille acquérir l'honneur d'être le premier à tenter de la réaliser.

Tout d'ailleurs, messieurs et chers concitoyens, doit nous donner bonne espérance. Notre cause en elle-même est essentiellement juste; et en outre, la solution de la question est tellement avancée que ceux même d'entre nous auxquels l'autorité confère ce privilége y renoncent spontanément; ils n'en veulent plus jouir, et ils sont les premiers à le condamner. Vous pourrez voir, parmi les signataires de la pétition, presque tous les notables commerçants de Versailles réclamant contre la loi qui les investit sans leur assentiment d'un monopole qu'ils regardent comme inutile et comme blessant pour le reste de leurs concitoyens. C'est dans le même sentiment que le tribunal de commerce d'Auxerre a refusé au préfet de donner son avis sur la composition de la liste des notables. J'espère que ce sera bientôt le sentiment de tous les notables commerçants de France. C'est un bien grand bonheur, quand on réclame l'abolition d'un privilége, d'avoir l'assentiment unanime de ceux-là même qui en jouissent; il est rare qu'une réforme ne blesse personne; telle sera pourtant celle que nous poursuivons, et que nous ne manquerons pas d'obtenir, pour peu que nous y mettions de persévérance.

Ce matin même, comme je me rendais à cette réunion, j'ai reçu d'un notable commerçant de Paris, que je n'ai pas le plaisir de connaître, une lettre que je veux vous communiquer pour deux raisons : la première, c'est qu'il est bon de rendre hommage à qui le mérite; la seconde, c'est que cette lettre vous démontrera qu'on pense à Paris précisément ce qu'on pense à Versailles, et que dans la capitale, la question des notables commerçants n'est pas envisagée autrement qu'elle ne l'est parmi nous, dans le chef-lieu du département de Seine-et-Oise.

Paris, 24 décembre 1869.

Monsieur,

J'apprends par mon journal, *le Temps*, que vous devez, dimanche, faire à Versailles une conférence sur la question commerciale, et que, d'accord en cela avec tous les esprits justes, vous désirez l'abolition d'un privilége qui n'a aucune raison d'être. Permettez-moi, Monsieur, de vous féliciter de mettre votre caractère et votre talent au service de cette cause.

Depuis deux ans, la chambre syndicale de la céramique et de la verrerie, à Paris, sur l'initiative de quelques-uns de ses membres, s'occupe de cette intéressante question. Chargé par elle de faire toutes démarches capables d'amener le résultat désiré, j'ai adressé au *Journal de Paris*, et à M. Picard, député de notre circonscription, la lettre dont je prends la liberté de vous envoyer copie. Il nous serait bien agréable, si vous vouliez prier messieurs vos collègues de la gauche de se joindre à vous pour déposer un projet de loi à ce sujet. Vous rendriez un grand service au commerce, vous feriez un acte équitable, et vous auriez, j'en suis certain, l'approbation de tous.

Je vous prie, Monsieur, de m'excuser d'avoir ainsi abusé de vos moments, et je vous prie d'agréer l'assurance de ma considération distinguée.

ALF. OLLIVE,
Notable commerçant, 3, rue Bleue, à Paris.

*P. S.* Porté sur la liste des notables, sans l'avoir demandé, c'est avec d'autant plus d'énergie que je

**demande le retrait de ce privilége auquel je ne me reconnais pas plus de droit que tout autre négociant ou commerçant.**

Ce sont là d'excellents sentiments auxquels je ne puis qu'applaudir, et vous voyez combien ils sont en harmonie avec les nôtres. Il est inutile de citer la lettre adressée à M. Ernest Picard, cet éloquent et infatigable défenseur de la liberté, qui ne refuse jamais l'appui de son talent aux bonnes causes.

Maintenant, quels sont les moyens que nous allons employer pour atteindre notre but? Ces moyens sont très faciles, messieurs et chers concitoyens. C'est d'abord la pétition au Sénat que je viens de vous lire et où chacun de vous peut apposer sa signature à côté de celles qui y sont déjà. C'est, en second lieu, l'initiative des députés au Corps législatif. A la suite du mouvement considérable qui a été créé par les élections de mai dernier, le droit d'initiative a été rendu aux législateurs, qui n'auraient jamais dû le perdre. Ils peuvent en user pour la réforme que nous désirons. Pour abolir le privilége dont nous avons à nous plaindre, il suffira d'un simple projet de loi. Par une contradiction fort étrange, le Corps législatif, élu par les citoyens et qui les représente spécialement, n'a pas le droit de recevoir leurs pétitions, bien qu'il soit plus en état que personne de connaître leurs réclamations; c'est le Sénat seul qui, aux termes de la Constitution, peut recevoir et juger de telles requêtes. La pétition ira donc au Sénat, où nous aurons soin d'en presser le rapport; mais les députés de la gauche présenteront un projet de loi spécial, dès que l'idée de la réforme aura fait assez de progrès dans l'opinion publique, dans le commerce en général, dans le corps des notables eux-mêmes, et dans le sein des tribunaux consulaires.

J'ai à peine besoin de vous dire, messieurs et chers concitoyens, qu'ayant l'honneur de représenter cet arrondissement, j'emploierai tout ce qu'il faudra d'efforts pour hâter la solution que nous recherchons et qui ne nous échappera pas. J'agirai personnellement, j'agirai de concert avec mes plus proches amis, et je ne doute pas que, le moment venu, notre triomphe ne soit aussi facile que justifié. Je ne me défie même point de la majorité de la Chambre dans un pareil sujet, et j'espère que la droite sera d'accord avec la gauche pour résoudre enfin ce problème, qui n'en est plus un pour les esprits justes et impartiaux.

A la pétition, à l'initiative parlementaire, vous pouvez, messieurs et chers concitoyens, associer votre propre action, et tout à l'heure je vous indiquerai les moyens que je vous propose d'adopter. Mais avant de terminer ce discours déjà long, je veux ajouter quelques mots que je recommande à votre réflexion.

En regardant dans cette enceinte, j'aperçois quelques dames qui ont bien voulu honorer et charmer de leur présence notre grave réunion. Je crois que les hommes ne sont pas les seuls qui aient à s'intéresser à la question des notables commerçants, toute sérieuse qu'elle est. Les femmes contribuent très souvent pour leur part à la prospérité du commerce de leur mari. Je suis assuré que, parmi vous qui m'écoutez en ce moment, messieurs et chers concitoyens, il en est beaucoup qui n'ont pas d'autre caissière que la compagne de leur vie, la mère de leurs enfants, la femme de leur choix, l'associée de tous leurs soucis, de tous leurs labeurs, de toutes leurs joies, de tous leurs succès. Je pourrais, si je le voulais, citer les noms de plusieurs femmes que j'ai connues, commerçantes pour leur propre compte, sachant très bien tenir leurs livres, conduire les ouvriers qu'elles employaient, succédant à leurs maris frappés prématurément par la mort, continuant avec gloire et énergie la raison sociale de la maison, des femmes qui étaient de vrais banquiers, comptables, industriels même, en un mot, remplissant toutes les conditions de commerçants habiles et expérimentés. Ce sont là, j'en conviens, des exceptions, et les devoirs de la famille appellent et attachent généralement les femmes au foyer et à l'intérieur. Mais l'aptitude commerciale ne manque pas plus aux femmes qu'aux hommes; elles peuvent comprendre tout aussi bien qu'eux la question qui vous est actuellement soumise. Une femme n'a pas besoin d'être elle-même dans le commerce pour savoir que son mari, sans être désigné par M. le préfet comme notable, en est tout aussi digne que le voisin sur qui la désignation est fortuitement tombée. Elle peut désirer pour lui, non pas cet honneur, mais ce droit, par un esprit de justice en même temps que d'affection. Aussi je ne m'étonne pas de voir des dames dans une de nos réunions, et si j'avais un vœu à former, c'est qu'elles y fussent plus nombreuses. Elles y seraient très bien placées comme partout. Elles sont épouses et même citoyennes, et à ce double titre, il est bon qu'elles soient à côté de leurs maris toutes les fois que la loi les autorise à y être.

Je ne veux plus, messieurs et chers concitoyens, qu'ajouter une seule considération. Sans me laisser aller ici à une vanité nationale qui serait fort déplacée, je puis dire que depuis un demi-siècle, le commerce et l'industrie ont fait en France a immenses progrès. Débarrassé, en 1789, des entraves que lui avait imposées le passé, le commerce a pris peu à peu et dès que les funestes guerres de l'Empire ont cessé, un prodigieux essor qui se développe chaque jour sous nos yeux, et qui se développera de plus en plus avec les progrès généraux de la liberté, des lumières, de la science et de toutes les industries. Mais dès à présent, la classe de nos concitoyens qui se livrent plus spécialement au commerce a tout ce qu'il faut pour choisir mieux que personne les juges qui doivent décider très souvent de la fortune et parfois même de l'honneur de leurs justiciables. Qu'y a-t-il de plus équitable que de choisir soi-même, dans son indépendance et par une élection dont personne n'est exclu, les hommes austères et sages qui doivent décider d'intérêts si délicats, si nombreux, si essentiels? Le corps des commerçants a la capacité requise, et personne ne peut le nier.

La magistrature consulaire elle-même verra son autorité s'accroître avec le nombre de ceux qui la lui conféreront. Cent notables dans notre arrondissement ont pu faire de très-bons choix; mais qui oserait dire que des milliers de commerçants, réunis dans une pensée commune, n'en auraient pas fait d'aussi bons, qu'ils n'auraient pas fait les mêmes? Le suffrage universel, dont on ne se défie pas pour régler les destins de la nation, inspirerait-il donc une défiance légitime pour l'élection d'un tribunal dont la juridiction est particulière et déterminée? Les électeurs commerçants auraient-ils moins de discernement dans leur spécialité que les mêmes électeurs n'ont de discernement pour les affaires de l'Etat, bien autrement compliquées et bien autrement vastes?

Je me résume, messieurs et chers concitoyens, en vous disant : Ayez bon espoir, et soyez certains que nous réussirons auprès du Sénat, où vous représentera votre pétition, auprès du Corps législatif, où vous êtes représentés par vos députés, auprès de l'opinion, qui vous approuve, auprès de la presse, qui ne demande pas mieux que de vous seconder.

---

### Discours de M. Laurent-Hanin.

Mesdames, Messieurs,

Je m'étais préparé à vous faire l'exposé de la question pour laquelle nous sommes réunis et à traiter de la situation des commerçants dans leurs rapports avec l'organisation des tribunaux consulaires. Cette tâche vient d'être remplie par notre honorable président, M. Barthélemy Saint-Hilaire, avec une telle autorité de langage, avec des détails si complets, qu'il ne me reste vraiment rien à dire.

Toutefois permettez-moi d'insister sur un des points qui me paraît mériter d'être mis une fois encore en évidence. Notre honorable président vient de nous le dire, le droit électoral est concentré dans cent notables, désignés par le préfet parmi les commerçants de l'arrondissement de Versailles. J'ignore quel est le nombre des patentés en dehors de notre cité; mais s'il est à l'intérieur de 2,150 environ à 2,160, on voit donc que le privilége électoral appartient à une fraction du corps des commerçants représentant un peu moins de 2 1[2 p. 100 de la masse. Est-ce là une organisation vraiment sage et tolérable? Et lorsque l'on vient à se rappeler que les citoyens relégués si arbitrairement parmi les incapables en matière d'élections consulaires, sont en possession du droit de vote dans les circonstances capitales d'où peut sortir la forme politique de la France, on se demande avec étonnement quel a été le mobile du législateur qui a introduit dans le Code de commerce une si étrange anomalie. Les élus, dans de telles conditions, peuvent-ils avoir la conscience de l'importance et de la dignité de leur mandat? Oui, nous le reconnaissons avec empressement pour ce qui touche notre arrondissement. Nous devons même une sorte de reconnaissance à ceux de nos concitoyens qui se sont succédé jusqu'à présent sur les siéges consulaires. Mais il s'en faut beaucoup que les choses se soient passées ainsi dans toute la France.

Un tel état de choses appelle donc une prompte réforme.

Mais est-ce par le concours du Sénat qu'il convient de la provoquer? J'avoue que, pour mon compte, je n'ai qu'une médiocre confiance dans cet auxiliaire. En supposant que le Sénat accueille favorablement notre pétition et qu'il la renvoie au ministre compétent avec un avis favorable, il se passera du temps avant que le Gouvernement en face le sujet d'un projet de loi.

Voici, selon moi, un moyen plus expéditif.

Un sénatus-consulte récent a conféré, ou plutôt restitué au Corps législatif le droit d'initiative en fait de législation. Prions notre honorable président, qui est aussi notre député, de se joindre à quelques-uns de ses collègues de la gauche pour formuler et présenter à la Chambre une proposition conforme à nos vœux. Le législateur peut être, de cette façon, saisi à bref délai et nous donner une solution plus prompte.

Quelques mots encore à propos des souvenirs qui se pressent dans mon esprit, en face d'une assemblée si digne, si attentive et si sympathique.

Il m'est arrivé souvent d'entendre des plaintes contre ce qu'on regarde comme des excès redoutables de presse ou de tribune.

N'oublions pas, messieurs, que nous sommes sous le régime du suffrage universel, c'est-à-dire en pleine démocratie. C'est le propre de la démocratie d'être un peu agitée ; mais si les citoyens qui sont réputés comme étant imbus de doctrines exagérées ou dangereuses, usent de la faculté de les produire au grand jour de la presse et de la tribune, est-ce que ceux qui sont entrés sagement mais résolûment dans la voie du progrès et de la liberté, n'ont pas le même droit pour les leurs ? Qu'ils osent produire leurs doctrines, se montrer quand il s'agit de la revendication d'un droit, ce qui est, on le voit bien en ce moment, la chose la plus facile du monde.

Oui, messieurs, c'est à la revendication et à la conquête de nos droits qu'il est urgent de marcher résolûment et avec persévérance. Quand un principe est posé, il faut en vouloir toutes les conséquences. Le grand principe qui domine notre société, c'est le suffrage universel. Toutes les institutions qui nous régissent doivent être mises en harmonie avec ce grand principe. Celle que nous voulons améliorer aujourd'hui n'est pas la seule qui réclame notre attention et en quelque sorte notre coopération. N'oublions pas qu'en pareille matière il n'y a rien de fait tant qu'il reste quelque chose à faire, et ne nous arrêtons que lorsque l'œuvre sera complète. C'est l'unique moyen, croyez-le bien, d'obtenir et d'amener la sécurité indispensable, non-seulement au monde industriel et commercial, mais encore à la société tout entière.

**Discours de M. Magnier-Lambinet.**

Messieurs,

Si je prends la parole, c'est qu'en 1865 je fus nommé notable commerçant, et je répondis à M. le préfet qu'en fait de notabilité commerciale je n'en connaissais qu'une seule : *l'honorabilité*. Comme j'avais conscience d'avoir toujours conduit mes affaires avec honneur et probité pendant dix-huit années, je ne pouvais pas accepter en 1865 un titre que je croyais toujours avoir mérité.

D'ailleurs la notabilité ne peut reposer que sur la fortune, la capacité, l'expérience ou la probité.

La fortune ? elle n'est plus, Dieu merci, une cause de supériorité quelconque dans notre pays.

La capacité ? mais je ne reconnais à qui que ce soit le droit de dire que je suis un imbécile !

L'expérience? mais on voit de jeunes commerçants nommés notables alors que des hommes expérimentés et rompus aux affaires sont mis de côté.

Enfin, la probité ? mais qui donc osera dire que tous ceux qui ne sont pas notables ne sont pas honorables.

Donc la notabilité n'étant fondée que sur l'arbitraire, nous protestons contre un privilége qui est une injustice et une injure pour la plupart de nous.

## Discours de M. Albert Joly.

Chers Concitoyens,

Je tiens à remercier d'abord, en votre nom et au mien, les deux honorables commerçants de cette ville qui, comprenant que la liberté est l'apanage des peuples qui savent user des droits qu'ils ont pour conquérir ceux qu'ils n'ont pas, sont venus à cette réunion pour exposer simplement, mais avec conviction, les arguments qui, selon eux, militaient en faveur de la suppression des notables. Ils ont eu à cœur de protester eux-mêmes avec énergie contre un privilége qui divise en deux classes distinctes des hommes qui tous sont égaux, dès lors qu'ils sont tous honorables. Merci de cette initiative, merci de votre courage, chers concitoyens; il vous en a fallu pour affronter dans une réunion publique une assistance aussi nombreuse. Sans avoir l'habitude de la parole, vous n'avez pas craint de la prendre pour affirmer devant tous ce que vous croyez être la vérité. Par leurs applaudissements sympathiques, vos concitoyens vous ont prouvé qu'ils avaient compris votre pensée; il leur reste maintenant à suivre votre exemple, à imiter votre courage. Cette réunion d'aujourd'hui est de bon augure pour la liberté. Il faut que chacun de vous comprenne enfin qu'il n'appartient à personne de se substituer à tous, et que chacun de nous doit prendre dans la mesure de ses forces une part très active à ses propres affaires. Eh bien ! je le demande à tous ceux qui m'écoutent, qui donc, mieux que des commerçants, pouvait parler devant vous de la suppression des notables; qui donc, mieux que des commerçants, était autorisé à protester contre ce dernier vestige du moyen âge à tout jamais balayé par la Révolution ?

Suivez donc cet exemple ; occupez-vous, *vous-mêmes*, de vos propres affaires, organisez *vous-mêmes* des réunions publiques afin d'y discuter vos intérêts les plus directs, et sachez enfin vous passer, quand il s'agit de choses qui vous touchent de si près, sachez, dis-je, vous passer du ministère des avocats. Soyez bien persuadés que s'ils se font si souvent les porte-paroles de toutes les idées, cela tient surtout à notre éducation politique qui est mauvaise, ou plutôt qui n'existe pas en France. Nous vivons dans un pays où la vie publique est éteinte (heureusement elle se réveille !), et c'est le défaut de liberté et l'intimidation qui ont tué en France l'initiative individuelle.

C'est à vous, chers concitoyens, qu'il appartient de réagir et de faire renaître par votre volonté cette vie publique qui seule pourra nous donner des institutions libres. J'entends souvent parler des exagérations de langage qui se commettent dans certaines réunions, et je vois immédiatement les ennemis de la liberté en tirer argument contre la liberté elle-même! Eh quoi ! pour quelques paroles prononcées par certains individus venus je ne sais d'où (ou plutôt je ne le sais que trop), faut-il donc déclarer la liberté incompatible avec l'ordre et la sacrifier toujours à la peur? Que tous les honnêtes gens, que tous ceux qui veulent fermement et sincèrement la liberté sortent enfin de leur indifférence et de leur apathie; qu'au lieu de se lamenter et de se jeter éperdûment entre les bras du despotisme, qui ne donne jamais l'ordre (à moins qu'on n'entende par là le sommeil de la mort), que tous les citoyens vraiment dignes de ce nom fassent, eux aussi, des réunions comme celle à laquelle vous assistez aujourd'hui; qu'à l'exagération ils opposent la sagesse et la fermeté, et nous verrons bientôt si l'ordre est incompatible avec la liberté!

Mais, pour une fois encore, permettez à un avocat de vous parler de choses que vous connaissez mieux que lui, que vous sentez surtout plus profondément, puisque c'est vous personnellement qu'elles atteignent et qu'elles blessent.

Les notables! Mais d'où vient donc ce mot dont nous réclamons tous aujourd'hui la suppression? — L'origine de ce mot est en tout point digne de la chose qu'il représente. Jugez-en vous-mêmes :

A l'époque où il y avait en France des monarques despotiques (vous voyez que je parle d'il y a bien longtemps...), ces monarques s'étaient arrogé le droit de gouverner la masse de leurs *sujets* selon leur propre fantaisie ou selon *leur bon plaisir*, comme on disait alors. Quelquefois, cependant, quand ils avaient à prendre une mesure peu goûtée ou à lever de nouveaux impôts, craignant un mécontentement trop général et désirant se décharger un peu de la responsabilité qui devait peser sur eux, ils réunissaient une assemblée de *notables* à qui ils *daignaient* demander son avis. Or, ces *notables* étaient précisément choisis avec le plus grand soin par le roi luimême; vous voyez de quelle indépendance ils devaient jouir... Aussi puis-je affirmer déjà que l'origine de la notabilité est une origine malsaine, et que cette institntion est viciée dans sa source même. — Voyons maintenant l'origine de la notabilité commerciale en particulier, et les phases diverses par lesquelles est passée cette institution dont on peut dire qu'elle a suivi la marche progressive des idées : libérale sous les deux républiques, réactionnaire et injuste sous les deux empires.

Bien qu'il y eût depuis longtemps déjà dans certains endroits, et à Marseille en particulier, *des juges des marchands*, c'est à l'édit de 1563, rendu sous Charles IX et sur les instances du chancelier L'Hôpital (un grand homme celui-là), qu'il faut se reporter pour avoir l'origine de l'institution régulière des tribunaux de commerce et des notables commerçants chargés de nommer les juges consulaires. Aux termes de cet édit, les juges consulaires furent élus, pour la première fois seulement, dans une assemblée de cent notables bourgeois désignés par le prévôt des marchands et par les échevins ; et, pour les élections subséquentes, c'étaient les juges dont les fonctions expiraient, qui, trois jours avant la fin de leur année, assemblaient jusqu'à soixante marchands bourgeois de la ville, qui en élisaient trente d'entre eux, lesquels procédaient, sans désemparer, à l'élection des nouveaux juges.

Cette façon d'agir est loin d'être conforme aux principes de la justice absolue, non plus qu'au principe du suffrage universel; mais vous remarquerez, afin de pouvoir comparer tout à l'heure, que les juges appelés à choisir les notables, vivaient au milieu d'eux, dans la ville, qu'ils étaient en relation continuelle avec les commerçants et qu'ils pouvaient, en conséquence, faire un choix raisonné; et, comme les juges n'étaient plus rééligibles au bout d'une année d'exercice, on ne pouvait pas les accuser de choisir comme notables ceux qui leur étaient plus particulièrement dévoués. Ce système était mauvais, je le répète, mais vous verrez tout à l'heure qu'il était moins inconséquent que le système actuel, puisque, aujourd'hui, les notables sont arbitrairement choisis par un homme qui ne connaît pas les commerçants, et qu'on demande sur ce choix, l'avis de juges qui peuvent être réélus par ces mêmes notables.

Cette institution fonctionna ainsi jusqu'en 1789, c'est-à-dire jusqu'au jour où les idées de justice et d'égalité rayonnèrent sur la France pour de là s'étendre et s'implanter dans le monde tout entier. Les hommes de liberté qui renversaient alors la société du droit divin pour établir sur ses débris les bases de la société moderne, comprirent qu'il fallait mettre de l'harmonie dans les institutions, et, non contents, comme tant d'autres, d'inscrire en tête de la constitution et en gros caractères, des principes qu'on a hâte de violer dans la pratique, ils surent mettre d'accord leurs actes avec leurs paroles, et décrétèrent que tous les commerçants honorables étant tous notables, c'était insulter à toute une classe de citoyens que de la diviser ainsi et donner à certains un droit que, sans raison, l'on refusait aux autres. Et, par la loi des 16 et 24 août 1790, tous les commerçants dont l'honorabilité n'était pas atteinte purent élire leurs juges.

Les choses durèrent ainsi pendant de longues années, tant que dura la liberté. Mais, hélas! après la république vint l'empire, et avec l'empire le despotisme. Tous les principes de 89, toutes les garanties acquises au prix de tant de sacrifices, de tant de pleurs, de tant de sang versé, tout cela disparut dans la constitution de l'an VIII, la grande œuvre du premier des Bonaparte. Aussi, dès 1807, lors de la confection du Code de commerce, l'empire prit à tâche de détruire l'égalité établie entre les commerçants par les législateurs de 1790, et, dans les articles 618 et 619 du Code de commerce, il divisa les commerçants en deux classes, les notables et ceux qui ne sont pas notables ; puis, on déclara que les notables seuls pourraient concourir à l'élection des juges consulaires. Et qui donc fut chargé de la tâche à la fois délicate et difficile, consistant à distinguer, parmi des milliers des commerçants, ceux qui sont notables et ceux qui ne le sont pas? — Ce fut le préfet ! — Ainsi, c'est au préfet qu'on a donné le soin de choisir, parmi tant de citoyens, ceux que l'on devait élever à une dignité d'où l'on excluait tous les autres ! C'est entre les mains d'un fonctionnaire qui n'a aucune relation avec les commerçants, et qui par conséquent ne les peut pas connaître, qu'on a remis l'exercice terrible de ce droit qui consiste, quoiqu'on en dise, à décerner aux uns une palme d'honorabilité qu'on refuse injustement aux autres ! Est-ce assez arbitraire?

Mais, rassurez-vous, chers concitoyens, le législateur de l'empire a prévu toutes ces objections. Il a compris qu'il était inique et déraisonnable de donner à un homme qui ne connaît pas les commerçants, le soin de faire un choix parmi eux. Aussi a-t-il déclaré, dans ces mêmes articles dont je vous parlais tout à l'heure, que la liste des notables choisis par le préfet serait contrôlée, et qu'un autre fonctionnaire, plus à même que le préfet de connaître les commerçants et d'en apprécier le mérite et l'honorabilité, réviserait tous ces noms, et, à l'aide de ses relations journalières avec le monde commercial, corrigerait les erreurs d'ailleurs faciles qu'aurait pu commettre le préfet. Celui qui fut chargé de contrôler le choix du préfet, c'est le ministre de l'intérieur !.....

Vous riez, et cependant tout ce que je dis est la pure et triste vérité. Il est vrai que plus tard on apporta à cet état de choses une importante modification, et que ce ne fut plus alors le ministre de l'intérieur, mais bien le ministre du commerce qui fut chargé de réviser les listes..... Quelle garantie ! ! !

Cette violation de l'égalité entre les commerçants dura aussi longtemps que le premier empire écrasa la France, et se continua même sous la restauration et sous le gouvernement de juillet. Il fallut la vivifiante révolution de 1848 pour ramener dans la confection de nos lois ces idées de justice et d'égalité qui seront à tout jamais l'honneur de la République. C'est donc le 28 août 1848 que la République (qui selon moi finit avec l'avénement de Bonaparte à la présidence), c'est, dis-je, à cette époque que les citoyens intègres qui gouvernaient la France et qui, comme les législateurs de 1790, étaient animés des principes de justice qui sont la sauvegarde des sociétés, déclarèrent mauvaise la loi du premier empire et revinrent au système si juste et si équitable de 1790. Surtout, chers concitoyens, gardez-vous bien de croire qu'une semblable résolution fut prise à la légère par ces républicains si souvent et si injustement accusés, mais si noblement vengés aujourd'hui ! Car en même temps qu'ils déclaraient l'abolition de la notabilité commerciale, ils imposaient comme condition à l'électeur d'être *honorable*, excluant ainsi ceux que la justice absolue excluaient naturellement, je veux dire tous les commerçants dont l'honorabilité n'était plus intacte.

Malheureusement l'histoire se répéta ; et, de même qu'après la première république nous eûmes le premier empire, de même, après la seconde république, nous eûmes le second empire. Et de même que le premier empire avait pris à tâche de détruire et la république et les institutions républicaines, de même aussi le second empire, se modelant en tout sur son aîné, s'empressa de détruire et la nouvelle république et les institutions républicaines. L'égalité des commerçants suivit donc encore une fois le sort de la liberté, c'est-à-dire qu'elle disparut avec elle.

C'est par son décret du 2 mars 1852, c'est-à-dire trois mois jour pour jour après le coup d'Etat du 2 décembre 1851, alors que la république étant déjà *supprimée* de fait, il ne restait plus qu'à en biffer le nom, c'est, dis-je, à cette époque que fut abolie, par un simple décret, la loi égalitaire de 1848.

Si jamais, chers concitoyens, vous avez occasion de consulter le recueil des décrets qui furent rendus par Louis Bonaparte durant les quelques mois qui suivirent son coup d'Etat, ne craignez pas de vous y appesantir un peu. Vous verrez en effet, par le nombre incroyable des décrets qui se succédèrent alors comme les minutes, combien on avait hâte d'en finir avec tout ce qui tenait encore à la République dont, par un reste de pudeur, on n'avait pas encore osé supprimer le nom.

Mais, pensez-vous peut-être, pour abroger une loi déjà existante et changer un état de choses, il faut bien, si osé qu'on soit d'ailleurs, dire quelles sont les raisons qui ont dicté votre conduite. Le décret du 2 mars 1855 doit donc contenir un exposé des motifs.

Rassurez-vous, chers concitoyens, cette objection que tout esprit clairvoyant ne peut manquer de faire, le gouvernement de décembre se l'est faite à lui-même. Il a compris que rejeter une loi pour cette seule raison qu'elle avait été créée et mise au monde par d'honnêtes républicains, cela n'était peut-être pas suffisant, et il s'est empressé de nous donner en détail les motifs de sa détermination. Permettez-moi donc de mettre sous vos yeux les arguments irrésistibles qui ont amené le pouvoir d'alors à briser (malgré lui, j'en suis certain), l'égalité des commerçants entre eux.

Voici les motifs écrits en tête du décret :

Le mode d'élection des juges des tribunaux de commerce, établi par la loi du 28 août 1848 a fait naître de sérieuses difficultés, qui ont souvent empêché ou au moins retardé le renouvellement de ces tribunaux ; — loin d'accroître le nombre des votants, il l'a réduit dans de si étroites limites que, dans certaines localités, il ne s'est pas présenté assez d'électeurs pour composer le bureau électoral, et que, dans d'autres, les juges élus ont refusé un mandat dont ils ne se trouvaient pas suffisamment investis ; — des intérêts étrangers à ceux de la justice et du commerce n'ont que trop souvent dicté les choix d'une faible minorité d'électeurs.

C'est donc pour trois motifs que la loi de 1848 a été remplacée par le décret du 2 mars 1852. Eh bien! examinons si vous voulez, la valeur de ces motifs.

Le premier, c'est que les électeurs ne venaient pas en assez grand nombre.

Comment! vous donnez à tous les commerçants le droit de suffrage; un petit nombre seulement se rend à votre appel, et, semblable alors à ce personnage fameux dont je tairai le nom par respect, vous trouvez que le moyen le plus efficace d'accroître le nombre des électeurs, c'est de le diminuer!

« — Le nombre est vraiment trop restreint de ceux qui votent, augmentons-le; et pour cela diminuons le nombre des votants! » — Voilà comme on raisonnait trois mois après le coup d'état!

Mais, outre que ce raisonnement qui vous fait sourire est *matériellement* illogique, il a une portée morale, ou plutôt immorale, qui ne vous a certainement pas échappé. C'est l'habitude en France de nous tout refuser pendant de longues années, de nous tenir en lisières et de ne nous permettre jamais l'exercice de nos droits. Aussi, le jour où, par hasard, nous sont rendus tous ces droits, que nous ne connaissons encore que par le bonheur et la tranquillité qu'ils procurent à nos voisins, semblables alors à ces enfants entre les mains desquels on remet un jouet inconnu et qui le brisent s'ils y touchent, ou le regardent à distance, s'ils sont moins audacieux, de même nous usons mal de ces droits nouveaux, et plus souvent encore nous en avons peur et nous n'en usons pas.

C'est ce qui est arrivé pour l'élection des juges consulaires. Pendant plus de quarante années on a retiré aux commerçants le droit d'élire leurs juges; le jour où ce droit leur fut rendu par un gouvernement équitable, ils ne surent pas en user. Ah! il ne faut pas croire que lorsqu'on brise les institutions d'un peuple libre, ce soient ces institutions seules que l'on brise; on anéantit ce peuple lui-même, et ce n'est pas avec quelques jours de liberté seulement qu'on peut lui rendre sa virilité première.

Le pouvoir de 1852 trouva, quant à lui, que le plus sûr moyen d'apprendre aux commerçants qui n'en usaient pas, comment ils devaient exercer leur droit de vote, c'était de le leur retirer. Admirable logique, vraiment digne de l'époque!

La seconde raison, non moins bonne que la première, est basée sur ce fait: que, dans certains endroits, les juges élus ont refusé un mandat dont ils ne se trouvaient pas suffisamment investis.

C'est un bon sentiment qui dictait dans l'espèce la conduite de ces magistrats. Comme ils étaient nommés par quelques centaines d'électeurs seulement, alors qu'il y en avait peut-être plusieurs milliers, ces honorables citoyens ne se regardaient pas comme valablement élus. Eh bien! comment le législateur de 1852 va-t-il remédier au mal? « — Les magistrats ont des scrupules, parce qu'ils sont élus par un trop petit nombre d'électeurs; réduisons les électeurs à trois pour cent, c'est-à-dire, sur cent commerçants justiciables du tribunal de commerce, nommons trois notables qui seuls auront droit de voter, et les juges se considéreront alors comme les élus de tous les commerçants! »

Avais-je raison de dire que mieux aurait valu abroger sans motifs la loi républicaine. Et notez bien, chers concitoyens, que les notables d'aujourd'hui ne votent pas avec plus d'ardeur que les électeurs d'autrefois. Sur cent notables, il y en a cinquante à peine qui consentent à se déranger. Vous voyez l'avantage?...

Enfin je vous laisse à juger le troisième et dernier argument :

« Des intérêts étrangers à ceux de la justice et du commerce n'ont que trop souvent dicté les choix d'une faible minorité d'électeurs. »

Laissons de côté les notables de Versailles, qui me paraîtraient tous mériter la distinction dont ils ont été honorés, si cet honneur n'était pas une injure à leurs concitoyens. Mais vous, qui vous plaignez de l'intrusion de la politique dans les élections consulaires, et qui basez sur ce grief votre décret de 1852; quels sont vos agissements? Qui donc chargez-vous du soin de choisir les notables? — Votre agent politique, le défenseur de votre politique dans le département, le préfet! — Quelles sont les conséquences? Voulez-vous des exemples? Ils fourmillent. Je ne vous citerai que celui d'un honorable commerçant de la capitale, que vous connaissez tous et qui, après avoir été pendant de longues années honoré par l'administration du titre de notable, s'est vu beintôt rayé, puis réintégré, suivant les circonstances, comme si l'on pouvait être notable aujourd'hui, ne l'être pas demain, et le redevenir après demain. Il me suffira de vous dire que cet honorable citoyen dont notre cher député vous a tu le nom tout-à-l'heure, est M. Labélonye. Voyez maintenant si le choix des notables est toujours dicté par l'intérêt pur et simple de la justice!

Et d'ailleurs, il faudrait bien mal connaître la nature humaine pour croire un seul instant qu'il en pût être autrement. C'est le préfet qu'on charge de choisir les commerçants notables. Or, pour être préfet, on n'en est pas moins homme. On choisit donc de préférence ses amis, et l'on sait quels sont les amis du préfet.

Je répète que si nous avons le bonheur

de voir qu'à Versailles il n'en est pas ainsi, cela existe dans beaucoup d'endroits, et comme nous discutons ici une question de principe, nous n'avons pas à nous inquiéter des personnes qui sont complètement en dehors du débat. Constatons seulement qu'il n'y a pas ici plus de garantie avec le décret injuste de 1852, qu'avec la loi égalitaire et équitable de 1848.

J'en ai fini avec l'historique de la notabilité commerciale; deux mots seulement sur sa raison d'être ou plutôt de n'être pas.

M. Barthélemy Saint-Hilaire vous a dit tout à l'heure que cette institution était contraire au principe du suffrage universel établi dans notre pays. Je ne reviendrai pas sur les considérations qu'il a développées et qui toutes tendaient à établir, par l'abrogation de ce privilége, une harmonie nécessaire dans toute société bien organisée.

Je ne vous parlerai pas non plus de l'inégalité choquante qui en résulte et qui, quoi qu'on en dise, sépare les commerçants en deux classes : *ceux qui sont notables* et *ceux qui ne sont pas notables*. Or, si la liberté n'a pas encore produit dans notre pays tous les fruits que nous avons droit d'en attendre, si nous sommes sur ce point bien au-dessous des peuples voisins, je dois dire cependant, et cela sans sot orgueil pour ma patrie, qu'il n'est pas de nation où le principe d'égalité soit plus profondément ancré que dans la nation française; et l'affluence des citoyens qui se pressent à cette réunion, sans distinction d'opinions, est une preuve de la vérité que j'énonce, car tous vous êtes venus ici pour supprimer ce dernier privilége, la notabilité, et établir entre les commerçants l'égalité qui existe entre tous les citoyens français.

Mais, poussant jusque dans leurs derniers retranchements les partisans du privilége des notables, je leur dis : La notabilité est un privilége, c'est-à-dire un droit qu'on accorde aux uns et qu'on refuse aux autres. Or, tout droit, pour être juste, doit reposer sur la justice, cela est évident; sinon il est injuste, et alors il faut le détruire. Eh bien, quelle est donc la raison d'être de ce privilége? sur quoi le basez vous? Vous ne pouvez le baser que sur la *fortune*, la *capacité*, l'*expérience* ou la *probité*. Toutre autre base vous échappe ; il n'y en a pas, il ne peut pas y en avoir d'autre. Examinons donc :

Et d'abord, la *fortune?* — Mais depuis 1789, on vous le disait tout à l'heure, la fortune n'est plus une cause de supériorité; un négociant fortuné n'a pas plus de droits qu'un petit commerçant; l'honorabilité seule les sépare, mais l'honorabilité seule les rend égaux.

La *capacité!* — Mais, on vous le disait encore, de quel droit le préfet donnerait-il à quelques-uns une mention de capacité qu'il refuserait aux autres, alors surtout qu'il ne connaît ni les uns, ni les autres. D'ailleurs, je serais incapable de nommer mes juges, et je serais capable de nommer les représentants de mon pays ! Je pourrais faire le plus, et je ne pourrais pas faire le moins !

Enfin, et pour vous montrer jusqu'où l'on a poussé l'inconséquence, le commerçant qui n'est pas jugé capable d'être *notable* est cependant déclaré capable d'être *juge* ! Il n'est pas jugé digne d'être électeur, mais il est jugé digne d'être élu !!!

La notabilité n'est donc point basée sur la capacité.

Serait-ce donc sur *l'expérience ?* — Je comprendrais mieux que l'expérience servit de base à la notabilité ; mais vous savez mieux que moi que de jeunes commerçants sont distingués comme notables, tandis que de très anciens négociants, tout aussi honorables, sont complétement exclus.

Reste la *probité* ! — Voilà la véritable base, voilà le *criterium* qui va servir à distinguer les commerçants ; mais voilà précisément ce qui vous condamne, car si vous déclarez que c'est sur la probité qu'est basé le choix des notables, il faut aller jusqu'au bout et dire que les notables seuls sont honnêtes, que seuls ils sont honorables ! Osez-le donc ! Et vous verrez alors se lever en masse contre vous toute cette foule de commerçants, gros et petits, qui ne permettront pas au préfet de se faire juge de leur honneur, sans lui demander au moins ses raisons. Non, mille fois non, les notables, si honorables qu'ils soient d'ailleurs, n'ont pas seuls le privilége de l'honorabilité dans les affaires.

Toute base avouable vous échappe donc; et voilà pourquoi j'avais raison de dire en commençant que ce privilége injuste ne reposant sur rien, n'avait de raison d'être que l'arbitraire, et que l'arbitraire étant toujours injuste, il fallait le détruire !

C'est grâce à cette loi que la plupart des petits commerçants sont pour ainsi dire à tout jamais exclus de la notabilité. Et cependant, si vous aviez à choisir entre deux commerçants également honorables, mais dont l'un aurait commencé ses affaires à l'aide de capitaux qui lui auraient permis dès l'abord de riches opérations; qui l'auraient mis tout au moins à l'abri du besoin et des nécessités de la vie, et dont le second au contraire aurait commencé sans autre capital que celui qu'il a reçu avec la vie, je veux dire son intelligence, son travail et son activité; qui aurait eu dans les premiers temps à lutter contre la misère et le besoin et qui serait arrivé à travers toutes ces difficultés à faire face à ses affaires; auquel des deux, je vous prie, donneriez-vous la palme du mérite?... Vos applaudissements me disent votre réponse !

Et si deux commerçants plaident ensemble, que l'un d'eux soit notable, que l'autre ne le soit pas, et que le notable vienne à gagner son procès? Ne craignez-vous pas que le soupçon ne traverse l'esprit du vaincu et qu'il n'aille peut-être jusqu'à suspecter les juges qui tiennent leur mandat de son adversaire et non de lui? Ne craignez-vous pas que n'étant pas notable et n'ayant pas coopéré à la nomination des juges, la fonction électorale de son compétiteur lui semble avoir pu contribuer au résultat du procès? Ah! chers concitoyens, cette idée est terrible ; car rien n'est plus sacré que la justice; c'est la sauvegarde de tous; elle plane au-dessus de toutes les passions publiques ou privées; laissons-la dans son sanctuaire, écartons d'elle jusqu'à l'ombre du soupçon, c'est la seule garantie qui nous reste aujourd'hui!

Enfin, et dans ce même ordre d'idées, que diriez-vous des candidats qui seraient appelés à donner leur avis sur le choix de leurs électeurs? C'est pourtant ce qui se passe dans les élections consulaires. Reconnaissant sa complète incompétence, le préfet, pour dresser ses listes de notables, est obligé de demander à la chambre de commerce et au tribunal en exercice, les renseignements qu'il lui est impossible de se procurer autrement. De sorte que ces notables, à qui, d'après la loi, appartient le droit de nommer les membres de la chambre de commerce et les juges consulaires, sont eux-mêmes et d'abord nommés par cette chambre et par ces juges! Quel renversement des principes!

Il est bien entendu que cet avis est presque nécessaire, puisque le préfet ne connaît pas les commerçants; mais justement, je blâme un système qui rend nécessaire une semblable inconséquence. Il est certain aussi quand je soulève ce nouveau grief, qu'il n'entre pas dans ma pensée de critiquer les personnes, ni surtout les magistrats de notre ville. Je sais, par les rapports qui m'approchent d'eux constamment, quel esprit de justice et d'équité guide leur conduite et leurs décisions, et il suffit de jeter les yeux sur la liste des notables pour être convaincu que l'intérêt public a été comme toujours leur seul mobile et leur seul intérêt. Mais encore une fois, il s'agit là d'une question de principe qui ne se peut résoudre par des considérations personnelles.

J'ajouterai, à la louange des magistrats consulaires de Versailles, que tous, sans exception, ont approuvé le principe de notre pétition, de même que la presque unanimité des notables ont été les premiers à repousser un privilége qui pèse sur leur conscience de citoyens français.

Quant aux quelques difficultés que susciterait le fonctionnement du suffrage universel appliqué aux commerçants, ce sera l'affaire des législateurs qui n'auront pas grand peine à y pourvoir.

M. Barthélemy Saint-Hilaire vous parlait tout à l'heure de la femme commerçante; il vous montrait cette femme aidant son mari, tenant la caisse, et il lui donnait sa part bien méritée dans l'éloge si juste et si touchant qu'il adressait au commerce en général et au petit commerce en particulier. Laissez-moi donc vous poser une question que je ne me charge pas de traiter ni de résoudre aujourd'hui. Elle va peut-être vous étonner par sa nouveauté, mais j'aime mieux, je l'avoue, me tromper par excès de justice que manquer d'émettre une idée qui me semble revêtir ce caractère. Croyez-vous donc qu'il ne serait pas juste et équitable que les femmes commerçantes, qui mènent leur maison sans l'appui d'un mari ; sur qui pèse toute la responsabilité de leurs engagements ; qui subissent toutes les obligations des commerçants, croyez-vous, dis-je, que ces femmes étant soumises à la loi commerciale et justiciables des juges consulaires ne devraient pas jouir de tous les droits accordés aux commerçants, et notamment du droit d'élire leurs juges?

Je vous l'ai dit, chers concitoyens, je ne fais aujourd'hui que poser la question.

Vous avez fait en ce jour l'apprentissage de la liberté, chers concitoyens, vous avez appris comment on fait les lois chez les peuples libres. On se plaint souvent en France de notre peu d'attachement aux lois de notre pays, et quand nous réclamons la liberté comme en Angleterre, comme en Hollande, comme en Belgique, comme en Suisse, comme en Amérique : — Respectez la loi comme on la respecte dans ces pays, nous répond-on constamment, et vous serez dignes alors de la liberté. — C'est là retourner la question.

Pourquoi les peuples libres que je vous citais tout à l'heure respectent-ils la loi de leur pays ? — Parce qu'elle émane d'eux-mêmes, parce qu'elle est leur œuvre, parce qu'on les a consultés pour la faire. Tandis que chez nous, et jusqu'à ce jour même, un seul homme avait l'initiative des lois ; la Chambre, composée à l'aide des candidatures que vous savez, votait la loi, puis on l'imposait au peuple ! Quoi d'étonnant qu'il n'eût pas pour elle de respect?

Dans les pays libres, au contraire, une question grave se soulève? On laisse chacun écrire et parler librement; les journaux s'en emparent et l'élaborent. Si la question n'est pas mûre ou si elle contrarie le sentiment public, tout s'arrête. Mais si l'opinion s'échauffe, si la masse du peuple désire une solution, on fait des réunions publiques, comme celle-ci ; présidée par le représentant du peuple, comme celle-ci ; on signe des pétitions, comme vous en avez signé une, et quand la loi arrive à la Chambre pour y être discutée, elle est déjà élucidée et acceptée par le peuple ; la Chambre n'a plus qu'à sanctionner la volonté nationale. Quand au chef de l'Etat, il ne lui reste qu'à donner sa signature pour enregistrer la volonté du véritable souverain, c'est-à-dire du peuple.

Au lieu de se faire par en haut, les lois se font par en bas. Voilà ce que c'est que la démocratie ! Comprenez-vous maintenant, chers concitoyens, qu'on soit attaché à de semblables lois, qu'on les aime, qu'on les respecte, qu'on les défende même au péril de sa vie !

Dans une nation démocratique, les lois, comme tout le reste, doivent être l'expression de la volonté nationale. Que la réunion de ce jour vous apprenne donc comment on fait les lois dans une démocratie, et la liberté ne se fera pas attendre !

---

RÉSOLUTIONS PRISES PAR LA RÉUNION.

Sur la proposition de M. Barthélemy Saint-Hilaire, président, l'assemblée a voté à l'unanimité les deux résolutions suivantes :

Première résolution. — « La présente réunion approuve la pétition qui lui a été soumise et qui demande au Sénat que les élections des juges au tribunal de commerce et des membres des chambres de commerce soient mises en harmonie avec le principe du suffrage universel. »

Deuxième résolution. — « Une commission de sept personnes sera nommée pour faire toutes les démarches nécessaires au succès de la pétition. »

Ont été nommés, MM.

Laurent-Hanin, brasseur, rue Saint-Martin, 1 ;
Pillet, marchand de bois, rue Montbauron, 14 *bis* ;
Magnier-Lambinet, marchand de nouveautés, rue Saint-Pierre, 11 ;
Lefèvre, négociant, rue Jouvencel, 13 ;
Debains, pharmacien, passage Saint-Pierre ;
Ramin, ancien maire de Versailles, ancien président du tribunal de commerce, rue Hoche, 17 ;
Albert Joly, avocat, rue de la Paroisse, 7 *bis*.

---

www.ingramcontent.com/pod-product-compliance
Ingram Content Group UK Ltd.
Pitfield, Milton Keynes, MK11 3LW, UK
UKHW022144190726
13855UKWH00003B/1333

9 782013 038348